OEUVRES

DE

P. CORNEILLE

NOUVELLE ÉDITION

REVUE SUR LES PLUS ANCIENNES IMPRESSIONS
ET LES AUTOGRAPHES

ET AUGMENTÉE

de morceaux inédits, de variantes, de notices, de notes, d'un lexique des mots
et locutions remarquables, d'un portrait, d'un fac-simile, etc.

PAR M. CH. MARTY-LAVEAUX

ALBUM

PARIS

LIBRAIRIE DE L. HACHETTE ET Cie

BOULEVARD SAINT-GERMAIN

1862

OEUVRES

DE

P. CORNEILLE

ALBUM

IMPRIMERIE GÉNÉRALE DE CH. LAHURE
Rue de Fleurus, 9, à Paris

OEUVRES

DE

P. CORNEILLE

NOUVELLE ÉDITION

REVUE SUR LES PLUS ANCIENNES IMPRESSIONS
ET LES AUTOGRAPHES

ET AUGMENTÉE

de morceaux inédits, de variantes, de notices, de notes, d'un lexique des mots
et locutions remarquables, d'un portrait, d'un fac-simile, etc.

PAR M. CH. MARTY-LAVEAUX

ALBUM

PARIS

LIBRAIRIE DE L. HACHETTE ET Cie

BOULEVARD SAINT-GERMAIN

1862

Portrait de Pierre Corneille.

Ce portrait a été dessiné par M. Auguste Sandoz,
d'après Charles le Brun, gravé par M. Pannier,
et terminé par M. Leguay.

PIERRE CORNEILLE
Né à Rouen en 1606   Mort à Paris en 1684

A. Sandoz del. — d'après Lebrun.   Gravé par Pannier, terminé par Leguay.

TIRÉ DES GRANDS ÉCRIVAINS DE LA FRANCE — HACHETTE & Cie ÉDITEURS

Imp. Ch. Chardon ainé — Paris

ARMOIRIES DE PIERRE CORNEILLE,

dessinées par M. Ch. Millon de Montherlant, d'après le blason qui se trouve au bas du portrait dessiné par Paillet (pour l'édition de 1663), et d'après l'*Armorial général de France*.

ARMES DE CORNEILLE

Ch Millon de Montherlant pinxit   Imp Lemercier et C.ᵉ Paris

1° LETTRE de P. Corneille au R. P. Boulart, datée
de la veille de Pâques 1652, imprimée au tome X,
p. 458-462. — L'original est à la bibliothèque
Sainte-Geneviève (voyez tome X, p. 421 et 422.)

A Rouen la veille de Pasques 1652

Mon R. P.

Je receu vostre paquet Mercredy dernier et avois resolu de
differer a vous en remercier apres les festes dautant que les
de votions ordinaires de la semaine saincte et les embarras ou ie suis
maintenant comme Marguillier de ma paroisse qui doibt rendre
conte de mon administration dans deus ou trois iours, ne me donnent point
le loisir de lire aucune chose de ce que vous m'envoyez,
mais ayant ietté les yeux sur vostre lettre i'ay veu qu'elle estoit
dattée du 7 du courant et que ce seroit reculer trop loing à
nous faire scavoir que ie l'ay receue. Vous aves eu peur de me
faire couster du port par le messager, et vostre paquet a esté
dix-huit iours a venir de Paris a Rouen pour me faire ceste espargne.
Je vous supplie de n'avoir plus ceste circonspection et de croire
que si la voge du Messager n'est pas si onereuse qu'on n'en soit
bien recompensé par la promptitude. Je vous fais ceste priere
dautant que ie prevoy bien que ce ne sera pas la derniere
faveur que ie recevray de vous. Je vous demande donc encore
une quinzaine pour le lire et vous en mander ma pensee en vous
renvoyant l'opuscule du S. Stevenus qui vous est venu d'Allemagne

en attendant ie vous diray que ie travaille a la continuation
de ma vexion, et que si tost que nous pourrons avoir quelque
calme, i'en donneray une seconde partie au public, avec la premiere

tout corrigé en beaucoup d'endroits. C'est ce qui me fait vous prier
de deux choses, l'une que si vous trouvez me donner advis de ce que
vous et vos amis jugerez a propos de corriger dans cette premiere
soit pour la bassesse de l'expression, soit que pour la fidelité que
ie dois au texte de l'autheur, car ie suis de ceux qui ne se tiennent
pas irreprochables, et qu'une advis particulier oblige autant, qu'une
censure publique offence. L'autre est de vouloir contribuer quelque
chose a bé un embellissement que ie prepare a ce travail, c'est
que ie me suis resolu de mettre des tailles douces au devant de
chaque chapitre, et en ay desia fait graver une que ie vous
envoye, afin que vous puissiez cognoistre mieux l'ordre du dessein
qui est de choisir un exemple dans la vie des saincts ou dans
la bible et l'appliquer sur une sentence tirée du chapitre
on doit estre mis l'improu. ou bien graver encor deux ou trois,
mais comme ie ne suis pas tout sçavant en ces histoires ie mendie
des suiets ches tous les religieux de ma cognoissance. Entre autres
i'ay besoin que vous m'en donniez de vos saincts, parce que dans
celles que ie vous envoye, vous en trouverez trois de Cabet de
St Benoist, et on pourroit prendre de la pour une declaration
tacite du parti des Benedictins dans vostre querelle.
Vous m'obligerez donc fort de m'en donner quelques uns de vostre
habit, et s'il se peut mesme de Thomas a Kempis, pour appliquer
a ax chapitres qui me manquent encor de cette premiere partie
ou aux cinq derniers du premier livre ou aux douze du
second qui composeront la seconde partie. Je n'ay point encor

Au R. P.

Le R. P. Boularet

A Paris.

2° Hymnes de Sainte-Geneviève, imprimées au tome IX, p. 619-625. — L'original est à la bibliothèque Sainte-Geneviève (voyez tome IX, p. 615-617).

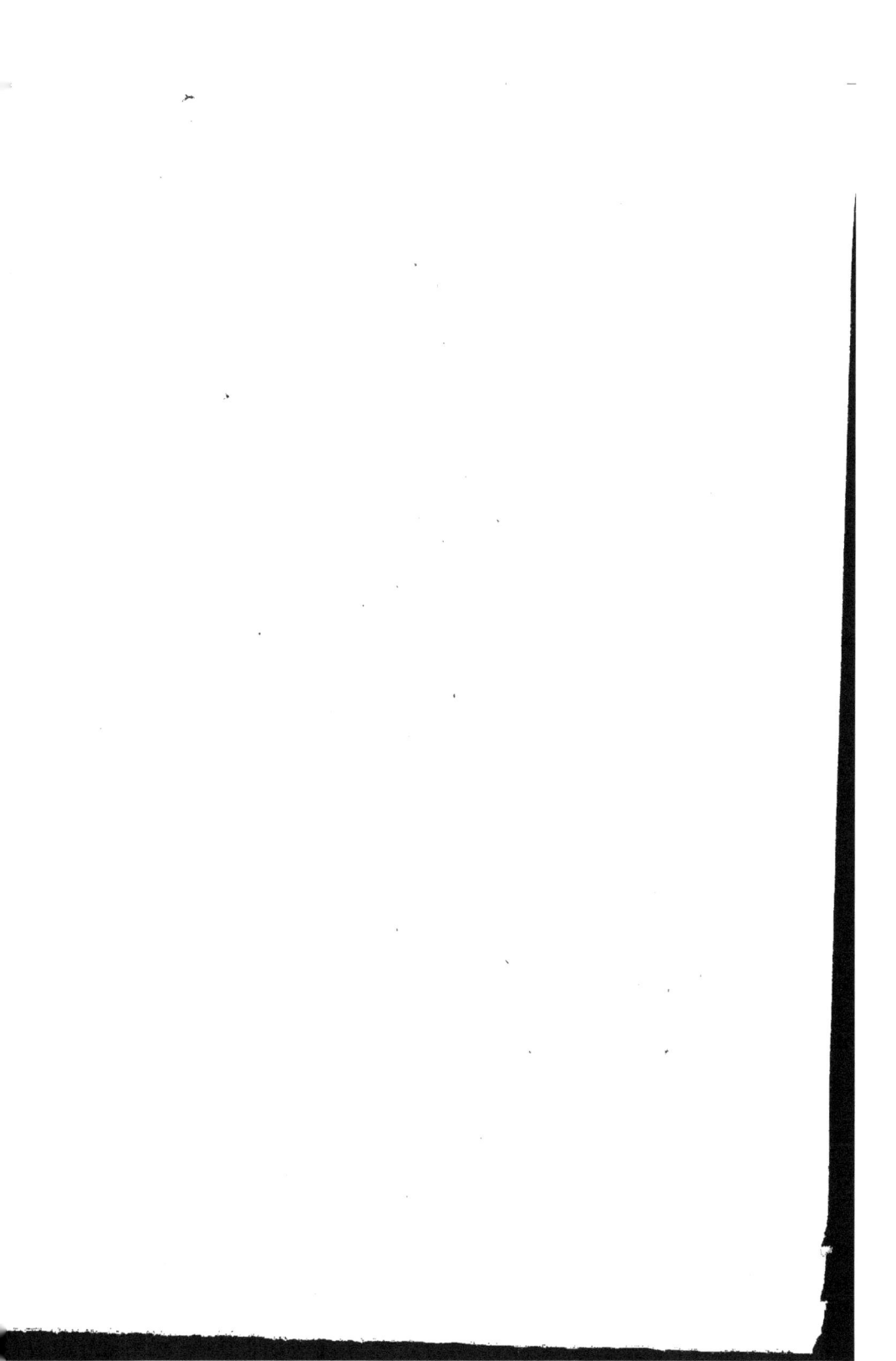

Hymnes de Ste Geneviefue

Pour le Jour de sa feste le 3 Janvier

A Vespres.

Que de toutes nos voix un plein concert s'éleue
　　A la gloire de Geneuiefue
Terre applaudit au Ciel luy mesme il t'applaudit
Il t'en daigne luy mesme apprendre la naissance,
　　Ecoute un ange qui te dit
Qu'il vient de naistre en elle un appuy pour la france
L'un saint prelat qui voit dans une si jeune ame
　　Briller tant de celeste flame,
Vierge heureuse, dit il, qu'heureux sont tes parents!
Soudain qu'elle s'entend, la Vierge a Dieu se voue
　　Et quitte enfin et presse et champs
Pour montrer a la Cour comme il faut qu'on le loue
Ses miracles par tout sauuent son grand courage,
　　Ils passent et le sexe, et l'aage
Dans sa chair qui l'enferme elle est hors de sa chair
Et dans sa pauureté riche plus que tous autres,
　　Quiconque la peut approcher
Voit la vertu pareille a celle des apostres.
Bonheur de ta patrie et de la terre entière,
　　Vierge des Vierges la lumière
Nostre patrone à tous, entens nos humbles voeux
Et du Ciel ou tu vois ta couronne asseurée
　　Fay qu'un terre de chastes feux
Puissent toujours regner dans nostre ame épurée
L'a la trinité sainte, eternelle puissance,
　　Eternelle reconnoissance
Qu'on la serue en tout temps, qu'on l'honnore en
L'actions en sa gloire en sa vierge fidelle　　Nous sieurs
　　Si nous voulons un jour aux cieux
Estre assis dans un trosne, et couronnes comme elle.

FAC-SIMILE D'AUTOGRAPHES

VUES D'HABITATIONS

I

VUE DE LA MAISON OU P. CORNEILLE EST NÉ,

rue de la Pie, à Rouen.

Cette vue a été dessinée par M. Hubert Clerget,
d'après les dessins de MM. Beaunis et Dumée.

MAISON OU EST NÉ P. CORNEILLE, RUE DE LA PIE, A ROUEN.

Dessin de M Hubert Clerget, d'après MM. Deaunis et Dumée.

II

Vue de la maison ou P. Corneille a été élevé,

à Petit-Couronne.

Cette vue a été dessinée par M. Paul Richner,
d'après une photographie.

MAISON OU P. CORNEILLE A ÉTÉ ÉLEVÉ, A PETIT-COURONNE.

Dessin de M. Paul Richaur, d'après une photographie.

III

Vue de la maison ou P. Corneille est mort,

à Paris, rue d'Argenteuil, n° 18.

Cette vue a été dessinée d'après nature par
M. Hubert Clerget.

MAISON OU EST MORT P. CORNEILLE, RUE D'ARGENTEU. L, A PARIS.

Dessin de M. Hubert Clerget, d'après nature.

THÉÂTRES, DÉCORATIONS,

Costumes

I

Emplacement des deux principaux théâtres

où furent jouées les pièces de P. Corneille.

(Extrait du plan de Paris de Gomboust.)

1° Comédiens du Marais.
2° Hôtel de Bourgogne.

THÉATRE DES COMÉDIENS DU MARAIS.

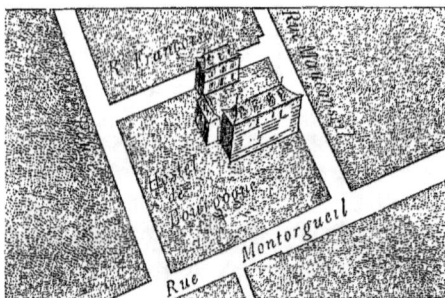

THÉATRE DES COMÉDIENS DE L'HOTEL DE BOURGOGNE.

III

Frontispice de l'édition originale de *Polyeucte*,
dessiné par M. Godard. (Voyez tome III,
p. 468.)

SCÈNE DE POLYEUCTE

Dessin de M. Godard, d'après le Frontispice de l'édition originale de *Polyeucte*.

IV

L'acteur Jodelet,

dessiné par M. P. Sellier, d'après Abraham Bosse.
Il tient une bourse à la main, comme dans la
scène ii de *la Suite du Menteur* (tome IV,
p. 299.)

Voyez sur Jodelet, tome IV, p. 123-125.

L'ACTEUR JODELET.
Dessin de M. Paul Sellier, d'après Abraham Bosse.

II

La galerie du palais,

dessinée par M. Washington, d'après une gravure
d'Abraham Bosse. (Voyez tome II, p. 5.)

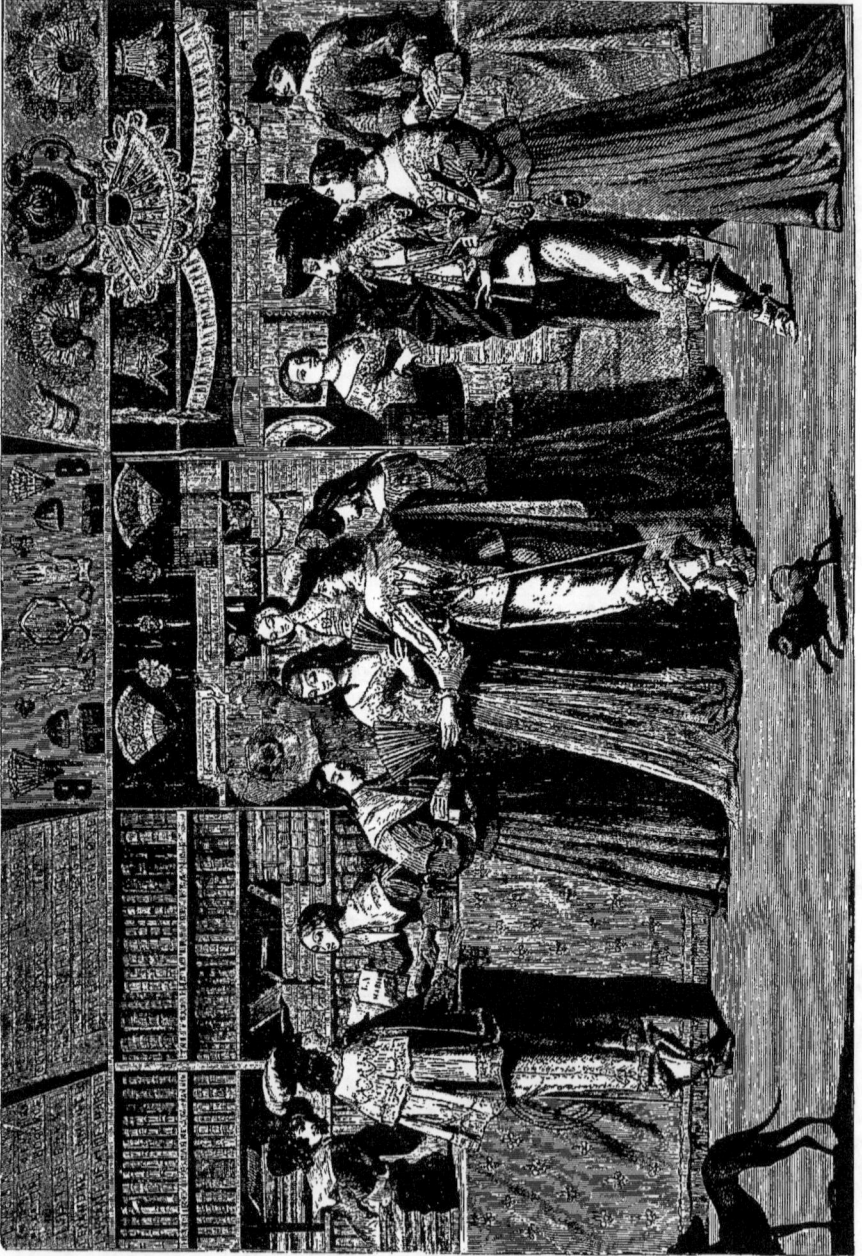

LA GALERIE DU PALAIS.

Dessin de M. Washington, d'après Abraham Bosse.

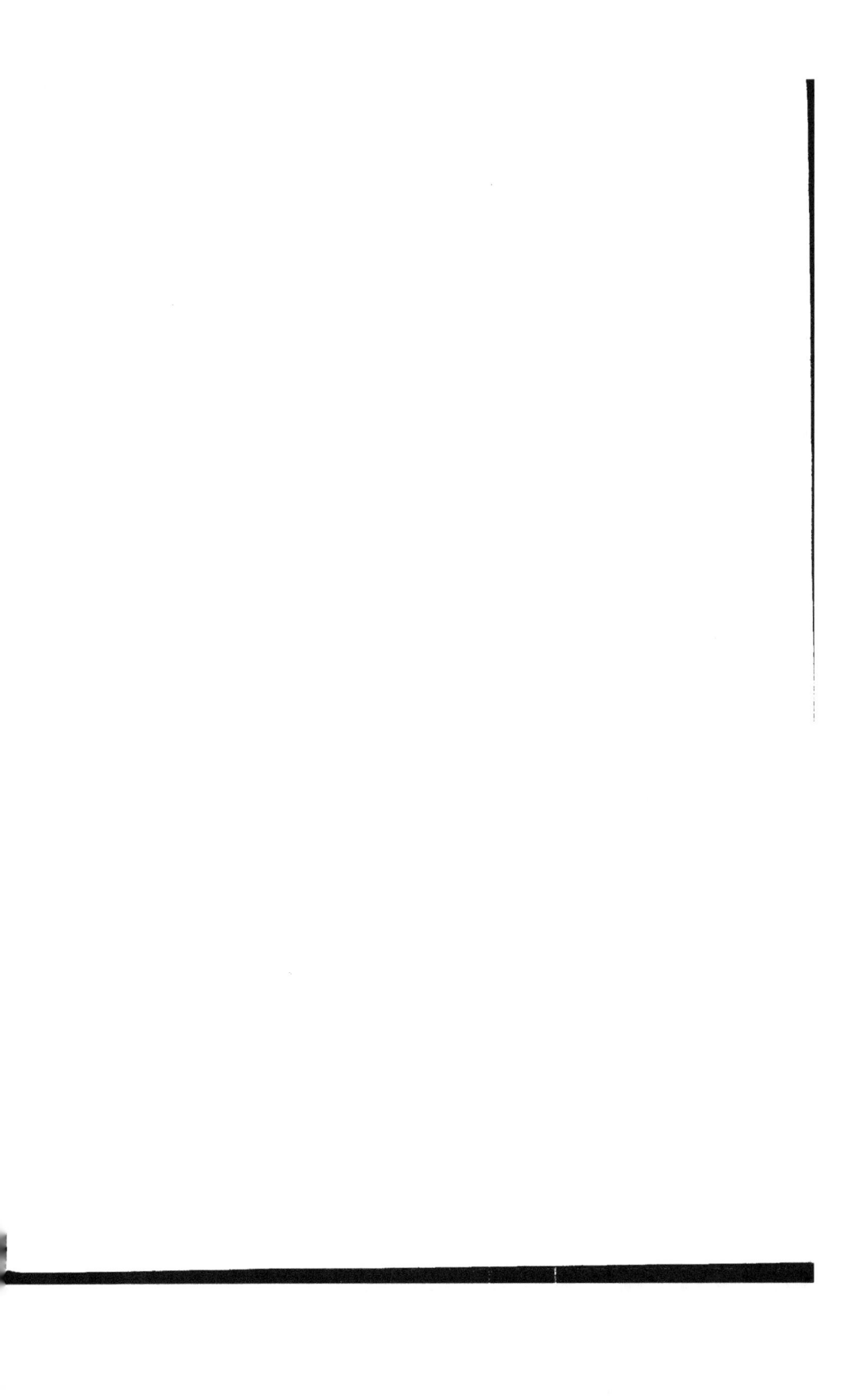

V

Décoration du Iᵒʳ acte d'*Andromède*.

(Apparition de Vénus dans une étoile : voyez
tome V, p. 261, 283 et 284, 298 et 329.)

Dessin de M. E. Thérond, d'après Chauveau.

DÉCORATION DU PREMIER ACTE D'ANDROMÈDE.

Dessin de M. E. Thérond, d'après Chauveau.

IMPRIMERIE GÉNÉRALE DE CH. LAHURE
Rue de Fleurus, 9, à Paris

www.ingramcontent.com/pod-product-compliance
Lightning Source LLC
LaVergne TN
LVHW022133080426
835511LV00007B/1117